Todos los libros de Linkgua Ediciones cuentan con modelos de Inteligencia Artificial entrenados por hispanistas. Pregúntale al chat de tu libro lo que desees acerca de la obra o su autor/a.

Para **ebooks**: Accede a nuestro modelo de IA a través de este enlace.

Para **libros impresos**: Escanea el código QR de la portada con tu dispositivo móvil.

Obtén análisis detallados de nuestros libros, resúmenes, respuestas a tus preguntas y accede a nuestras ediciones críticas generativas para una experiencia de lectura más enriquecedora.
La transparencia y el respeto hacia la autoría de las fuentes utilizadas son distintivos básicos de nuestro proyecto. Por ello, las respuestas ofrecen, mediante un sistema de citas, las fuentes con las que han sido elaboradas.

José Zorrilla

Poemas

Barcelona 2024
Linkgua-ediciones.com

Créditos

Título original: Poemas.

© 2024, Red ediciones S.L.

e-mail: info@linkgua.com

Diseño de cubierta: Michel Mallard.

ISBN rústica ilustrada: 978-84-9816-981-2.
ISBN tapa dura: 978-84-1076-064-6.
ISBN ebook: 978-84-9897-898-8.

Cualquier forma de reproducción, distribución, comunicación pública o transformación de esta obra solo puede ser realizada con la autorización de sus titulares, salvo excepción prevista por la ley. Diríjase a CEDRO (Centro Español de Derechos Reprográficos, www.cedro.org) si necesita fotocopiar, escanear o hacer copias digitales de algún fragmento de esta obra.

Sumario

Créditos	4
Brevísima presentación	7
La vida	7
Corriendo van por la vega	9
Dueña de la negra toca	13
A buen juez mejor testigo	15
El contrabandista	33
Don Juan	37
A la estudiantina burgalesa	45
Soliloquio	47
El trovador	51
Primera impresión de Granada	55
Vuelta a la patria	57
A Narciso Serra	63
En el álbum de mi hija	67

En el álbum 69

Libros a la carta 75

Brevísima presentación

La vida

José Zorrilla (Valladolid, 1817-Madrid, 1893). España.

Tras estudiar en el Seminario de Nobles de Madrid, fue a las universidades de Toledo y Valladolid a estudiar leyes. Poco después abandonó los estudios y se fue a Madrid. Las penurias económicas le hicieron a vender a perpetuidad los derechos de *Don Juan Tenorio* (1844), la más célebre de sus obras. En 1846, viajó a París y conoció a Alejandro Dumas, padre, George Sand y Teophile Gautier que influyeron en su obra. Tras una breve estancia en Madrid, regresó a Francia y de allí, en 1855, marchó a México donde el emperador Maximiliano lo nombró director del teatro Nacional. A su regreso a España publicó un libro de memorias.

Corriendo van por la vega

Corriendo van por la vega
a las puertas de Granada
hasta cuarenta gomeles
y el capitán que los manda.
Al entrar en la ciudad,
parando su yegua blanca,
le dijo éste a una mujer
que entre sus brazos lloraba:
«Enjuga el llanto, cristiana
no me atormentes así,
que tengo yo, mi sultana,
un nuevo Edén para ti.
Tengo un palacio en Granada,
tengo jardines y flores,
tengo una fuente dorada
con más de cien surtidores,
y en la vega del Genil
tengo parda fortaleza,
que será reina entre mil
cuando encierre tu belleza.
Y sobre toda una orilla
extiendo mi señorío;
ni en Córdoba ni en Sevilla
hay un parque como el mío.
Allí la altiva palmera
y el encendido granado,
junto a la frondosa higuera,
cubren el valle y collado.
Allí el robusto nogal,

allí el nópalo amarillo,
allí el sombrío moral
crecen al pie del castillo.
Y olmos tengo en mi alameda
que hasta el cielo se levantan
y en redes de plata y seda
tengo pájaros que cantan.
Y tú mi sultana eres,
que desiertos mis salones
están, mi harén sin mujeres,
mis oídos sin canciones.
Yo te daré terciopelos
y perfumes orientales;
de Grecia te traeré velos
y de Cachemira chales.
Y te dará blancas plumas
para que adornes tu frente,
más blanca que las espumas
de nuestros mares de Oriente.
Y perlas para el cabello,
y baños para el calor,
y collares para el cuello;
para los labios... ¡amor!»
«¿Qué me valen tus riquezas
—respondióle la cristiana—,
si me quitas a mi padre,
mis amigos y mis damas?
Vuélveme, vuélveme, moro
a mi padre y a mi patria,
que mis torres de León
valen más que tu Granada.»
Escuchóla en paz el moro,

y manoseando su barba,
dijo como quien medita,
en la mejilla una lágrima:
«Si tus castillos mejores
que nuestros jardines son,
y son más bellas tus flores,
por ser tuyas, en León,
y tú diste tus amores
a alguno de tus guerreros,
hurí del Edén, no llores;
vete con tus caballeros.»
Y dándole su caballo
y la mitad de su guardia,
el capitán de los moros
volvió en silencio la espalda.

Dueña de la negra toca

Dueña de la negra toca,
la del morado monjil,
por un beso de tu boca
diera a Granada Boabdil.
Diera la lanza mejor
del Zenete más bizarro,
y con su fresco verdor
toda una orilla del Darro.
Diera la fiesta de toros
y, si fueran en sus manos,
con la zambra de los moros
el valor de los cristianos.
Diera alfombras orientales,
y armaduras y pebetes,
y diera... ¡que tanto vales!,
hasta cuarenta jinetes.
Porque tus ojos son bellos,
porque la luz de la aurora
sube al Oriente desde ellos,
y el mundo su lumbre dora.
Tus labios son un rubí,
partido por gala en dos...
Le arrancaron para ti
de la corona de Dios.
De tus labios, la sonrisa,
la paz de tu lengua mana...
leve, aérea, como brisa
de purpurina mañana.
¡Oh, qué hermosa nazarena

para un harén oriental,
suelta la negra melena
sobre el cuello de cristal,
en lecho de terciopelo,
entre una nube de aroma,
y envuelta en el blanco velo
de las hijas de Mahoma!
Ven a Córdoba, cristiana,
sultana serás allí,
y el sultán será, ¡oh sultana!,
un esclavo para ti.
Te dará tanta riqueza,
tanta gala tunecina,
que ha de juzgar tu belleza
para pagarle, mezquina.
Dueña de la negra toca,
por un beso de tu boca
diera un reino Boabdil;
y yo por ello, cristiana,
te diera de buena gana
mil cielos, si fueran mil.

A buen juez mejor testigo

Entre pardos nubarrones
pasando la blanca Luna,
con resplandor fugitivo,
la baja tierra no alumbra.
La brisa con frescas alas
juguetona no murmura,
y las veletas no giran
entre la cruz y la cúpula.
Tal vez un pálido rayo
la opaca atmósfera cruza,
y unas en otras las sombras
confundidas se dibujan.
Las almenas de las torres
un momento se columbran,
como lanzas de soldados
apostados en la altura.
Reverberan los cristales
la trémula llama turbia,
y un instante entre las rocas
riela la fuente oculta.
Los álamos de la Vega
parecen en la espesura
de fantasmas apiñados
medrosa y gigante turba;
y alguna vez desprendida
gotea pesada lluvia,
que no despierta a quien duerme,
ni a quien medita importuna.
Yace Toledo en el sueño

entre las sombras confusa,
y el Tajo a sus pies pasando
con pardas ondas lo arrulla.
El monótono murmullo
sonar perdido se escucha,
cual si por las hondas calles
hirviera del mar la espuma.
¡Qué dulce es dormir en calma
cuando a lo lejos susurran
los álamos que se mecen,
las aguas que se derrumban!
Se sueñan bellos fantasmas
que el sueño del triste endulzan,
y en tanto que sueña el triste,
no le aqueja su amargura.
¡Tan en calma y tan sombría
como la noche que enluta
la esquina en que desemboca
una callejuela oculta,
se ve de un hombre que guarda
la vigilante figura,
y tan a la sombra vela
que entre las sombras se ofusca.
Frente por frente a sus ojos
un balcón a poca altura
deja escapar por los vidrios
la luz que dentro le alumbra;
mas ni en el claro aposento,
ni en la callejuela oscura
el silencio de la noche
rumor sospechoso turba.
Pasó así tan largo tiempo,

que pudiera haberse duda
de si es hombre, o solamente
mentida ilusión nocturna;
pero es hombre, y bien se ve,
porque con planta segura,
ganando el centro a la calle,
resuelto y audaz pregunta:
«¿Quién va?», y a corta distancia
el igual compás se escucha
de un caballo que sacude
las sonoras herraduras.
«¿Quién va?», repite, y cercana
otra voz menos robusta
responde: «Un hidalgo, ¡calle!»
Y el paso el bulto apresura,
«Téngase el hidalgo», el hombre
replica, y la espada empuña.
«Ved más bien si me haréis calle,
repitieron con mesura,
que hasta hoy a nadie se tuvo
Iván de Vargas y Acuña.»
«Pase el Acuña y perdone»,
dijo el mozo en faz de fuga,
pues, teniéndose el embozo,
sopla un silbato y se oculta.
Paró el jinete a una puerta,
y con precaución difusa
salió una niña al balcón
que llama interior alumbra.
«¡Mi padre!», clamó en voz baja,
y el viejo en la cerradura
metió la llave pidiendo

a sus gentes que le acudan.
Un negro por ambas bridas,
tomó la cabalgadura,
cerróse detrás la puerta
y quedó la calle muda.
En esto desde el balcón,
como quien tal acostumbra,
un mancebo por las rejas
de la calle se asegura.
Asió el brazo al que apostado
hizo cara a Iván de Acuña,
y huyeron en el embozo
velando la catadura.

II

Clara, apacible y serena
pasa la siguiente tarde,
y el Sol tocando su ocaso
apaga su luz gigante;
se ve la imperial Toledo
dorada por los remates,
como una ciudad de grana
coronada de cristales.
El Tajo por entre rocas
sus anchos cimientos lame,
dibujando en las arenas
las ondas con que las bate.
Y la ciudad se retrata
en las ondas desiguales,
como en prendas de que el río
tan afanoso la bañe.
A lo lejos en la Vega
tiende galán por sus márgenes,

de sus álamos y huertos
el pintoresco ropaje;
y porque su altiva gala
más a los ojos halague,
la salpica con escombros
de castillos y de alcázares.
Un recuerdo en cada piedra
que toda una historia vale,
cada colina un secreto
de príncipes o galanes.
Aquí se bañó la hermosa
por quien dejó un rey culpable
amor, fama, reino y vida
en manos de musulmanes.
Allí recibió Galiana
a su receloso amante,
en esa cuesta que entonces
era un plantel de azahares.
Allá por aquella torre
que hicieron puerta los árabes,
subió el Cid sobre Babieca
con su gente y su estandarte.
Más lejos se ve el castillo
de San Servando, o Cervantes,
donde nada se hizo nunca
y nada al presente se hace.
A este lado está la almena
por do sacó vigilante
el conde don Peranzules
al rey, que supo una tarde
fingir tan tenaz modorra,
que, político y constante,

tuvo siempre el brazo quedo
las palmas al horadarle.
Allí está el circo romano,
gran cifra de un pueblo grande,
y aquí la antigua basílica
de bizantinos pilares,
que oyó en el primer concilio
las palabras de los Padres
que velaron por la Iglesia
perseguida o vacilante.
La sombra en este momento
tiende sus turbios cendales
por todas esas memorias
de las pasadas edades;
y del Cambrón y Bisagra
los caminos desiguales,
camino a los toledanos
hacia las murallas abren.
Los labradores se acercan
al fuego de sus hogares,
cargados con sus aperos,
cargados con sus afanes.
Los ricos y sedentarios
se tornan con paso grave,
calado el ancho sombrero,
abrochados los gabanes;
y los clérigos y monjes
y los prelados y abades,
sacudiendo el leve polvo
de capelos y sayales.
Quédase solo un mancebo
de impetuosos ademanes,

que se pasea ocultando
entre la capa el semblante.
Los que pasan le contemplan
con decisión de evitarle,
y él contempla a los que pasan
como si a alguien aguardase.
Los tímidos aceleran
los pasos al divisarle,
cual temiendo de seguro
que les proponga un combate;
y los valientes le miran
cual si sintieran dejarle
sin que libres sus estoques
en riña sonora dancen.
Una mujer, también sola,
se viene el llano adelante,
la luz del rostro escondida
en tocas y tafetanes.
Mas en lo leve del paso
y en lo flexible del talle
puede a través de los velos
una hermosa adivinarse.
Vase derecha al que aguarda,
y él al encuentro le sale
diciendo… cuanto se dicen
en las citas los amantes.
Mas ella, galanterías
dejando severa aparte,
así al mancebo interrumpe
en voz decidida y grave:
«Abreviemos de razones,
Diego Martínez; mi padre,

que un hombre ha entrado en su ausencia
dentro mi aposento sabe,
y así quien mancha mi honra
con la suya me la lave;
o dadme mano de esposo,
o libre de vos dejadme.»
Miróla Diego Martínez
atentamente un instante,
y echando a su lado el embozo
repuso palabras tales:
«Dentro de un mes, Inés mía,
parto a la guerra de Flandes;
al año estaré de vuelta
y contigo en los altares.
Honra que yo te desluzca
con honra mía se lave,
que por honra vuelven honra
hidalgos que en honra nacen.»
«Júralo», exclama la niña.
«Más que mi palabra vale
no te valdrá un juramento.»
«Diego, la palabra es aire.»
«¡Vive Dios, que estás tenaz!
Dalo por jurado y baste.»
«No me basta; que olvidar
puedes la palabra en Flandes.»
«¡Voto a Dios! ¿Qué más pretendes?»
«Que a los pies de aquella imagen
lo jures como cristiano
del Santo Cristo delante.»
Vaciló un punto Martínez.

Mas porfiando que jurase,
llevóle Inés hacia el templo
que en medio la Vega yace.
Enclavado en un madero,
en duro y postrero trance,
ceñida la sien de espinas,
descolorido el semblante,
víase allí un crucifijo
teñido de negra sangre
a quien Toledo devota
acude hoy en sus azares.
Ante sus plantas divinas
llegaron ambos amantes,
y haciendo Inés que Martínez
los sagrados pies tocase,
preguntóle

«Diego, ¿juras
a tu vuelta desposarme?»
Contestó el mozo:

«¡Sí, juro!»,
y ambos del templo se salen.

III

Pasó un día y otro día
un mes y otro mes pasó,
y un año pasado había,
mas de Flandes no volvía
Diego, que a Flandes partió.

Lloraba la bella Inés
oraba un mes y otro mes

su vuelta aguardando en vano,
del crucifijo a los pies
do puso el galán su mano.

Todas las tardes venia
después de traspuesto el Sol,
y a Dios llorando pedía
la vuelta del español,
y el español no volvía.

Y siempre al anochecer,
sin dueña y sin escudero,
en un manto una mujer
el campo salía a ver
al alto del Miradero.

¡Ay del triste que consume
su existencia en esperar!
¡Ay del triste que presume
que el duelo con que él se abrume
al ausente ha de pesar!

La esperanza es de los cielos
precioso y funesto don,
pues los amantes desvelos
cambian la esperanza en celos
que abrasan el corazón.

Si es cierto lo que se espera
es un consuelo en verdad;
pero siendo una quimera,

en tan frágil realidad
quien espera desespera.

Así Inés desesperaba
sin acabar de esperar,
y su tez se marchitaba,
y su llanto se secaba
para volver a brotar.

En vano a su confesor
pidió remedio o consejo
para aliviar su dolor,
que mal se cura el amor
con las palabras de un viejo.

En vano a Iván acudía,
llorosa y desconsolada;
el padre no respondía,
que la lengua le tenía
su propia deshonra atada.

Y ambos maldicen su estrella,
callando el padre severo
y suspirando la bella,
porque nació mujer ella
y el viejo nació altanero.

Dos años al fin pasaron
en esperar y gemir,
y las guerras acabaron,
y los de Flandes tornaron
a sus tierras a vivir.

Pasó un día y otro día,
un mes y otro mes pasó,
y el tercer año corría:
Diego a Flandes se partió,
mas de Flandes no volvía.

Era una tarde serena,
doraba el Sol de Occidente
del Tajo la Vega amena,
y apoyada en una almena
miraba Inés la corriente.

Iban las tranquilas olas
las riberas azotando
bajo las murallas solas,
musgo, espigas y amapolas
ligeramente doblando.
Algún olmo que escondido
creció entre la hierba blanda
sobre las aguas tendido
se reflejaba perdido
en su cristalina banda.

Y algún ruiseñor colgado
entre su fresca espesura
daba al aire embalsamado
su cántico regalado
desde la enramada oscura.

Y algún pez con cien colores,
tornasolada la escama,

saltaba a besar las flores,
que exhalan gratos olores
a las puntas de una rama.

Y allá, en el trémulo fondo,
el torreón se dibuja
como el contorno redondo
del hueco sombrío y hondo
que habita nocturna bruja.

Así la niña lloraba
el rigor de su fortuna,
y así la tarde pasaba
y al horizonte trepaba
la consoladora Luna.

A lo lejos, por el llano,
en confuso remolino,
vio de hombres tropel lejano
que en pardo polvo liviano
dejan envuelto el camino.

Bajó Inés del torreón,
y llegando recelosa
a las puertas del Cambrón,
sintió latir zozobrosa
más inquieto el corazón.

Tan galán como altanero
dejó ver la escasa luz
por bajo el arco primero
un hidalgo caballero

en un caballo andaluz.

Jubón negro acuchillado,
banda azul, lazo en la hombrera
y sin pluma al diestro lado,
el sombrero derribado
tocando con la gorguera.

Bombacho gris guarnecido,
bota de ante, espuela de oro,
hierro al cinto suspendido
y a una cadena prendido
agudo cuchillo moro.

Vienen tras este jinete
sobre potros jerezanos
de lanceros hasta siete,
y en adarga y coselete
diez peones castellanos.

Asióse a su estribo Inés,
gritando: «¡Diego, eres tú!»
Y él viéndola de través,
dijo: «¡Voto a Belcebú,
que no me acuerdo quién es!»

Dio la triste un alarido
tal respuesta al escuchar,
y a poco perdió el sentido,
sin que más voz ni gemido
volviera en tierra a exhalar.

Frunciendo ambas a dos cejas
encomendóla a su gente,
diciendo: «Malditas viejas,
que a las mozas malamente
enloquecen con consejas!»

Y aplicando el capitán
a su potro las espuelas,
el rostro a Toledo dan,
y a trote cruzando van
las oscuras callejuelas.

IV Así por sus altos fines
dispone y permite el cielo
que puedan mudar al hombre
fortuna, poder y tiempo.
A Flandes partió Martínez
de soldado aventurero,
y por su suerte y hazañas
allí capitán le hicieron.
Según alzaba en honores
alzábase en pensamientos,
y tanto ayudó en la guerra
con su valor y altos hechos,
que el mismo rey a su vuelta
le armó en Madrid caballero,
tomándole a su servicio
por capitán de lanceros.
Y otro no fue que Martínez
quien ha poco entró en Toledo,
tan orgulloso y ufano
cual salió humilde y pequeño.

Ni es otro a quien se dirige,
cobrado el conocimiento,
la amorosa Inés de Vargas,
que vive por él muriendo.
Mas él, que olvidando todo
olvidó su nombre mesmo,
puesto que Diego Martínez
es el capitán don Diego,
ni se ablanda a sus caricias
ni cura de sus lamentos,
diciendo que son locuras
de gente de poco seso:
que ni él prometió casarse
ni pensó jamás en ello.
¡Tanto mudan a los hombres
fortuna, poder y tiempo!
En vano porfía Inés
con amenazas y ruegos;
cuanto más ella importuna
está Martínez severo.
Abrazada a sus rodillas,
enmarañado el cabello,
la hermosa niña lloraba
prosternada por el suelo.
Mas todo empeño era inútil,
porque el capitán don Diego
no ha de ser Diego Martínez,
como lo era en otro tiempo.
Y así, llamando a su gente,
de amor y piedad ajeno,
mandóles que a Inés llevaran
de grado o de valimiento.

Mas ella, antes que la asieran,
cesando un punto en su duelo,
así habló, el rostro lloroso
hacia Martínez volviendo:
«Contigo se fue mi honra,
conmigo tu juramento;
pues buenas prendas son ambas,
en buen fiel las pesaremos.»
Y la faz descolorida
en la mantilla envolviendo,
a pasos desatentados
salióse del aposento.

El contrabandista

Subiendo la negra roca
de embarazosa montaña,
contrabandista español
bridón andaluz cabalga.
Lleva el trabuco a su lado,
el cuchillo entre la faja,
y con el humo del puro
su voz varonil levanta.

«Que brame en la peña el viento,
que se arda el monte vecino,
que rompa el inhiesto pino
el aquilón violento.
Yo desprecio sus furores;
y aquí solo, sin señores,
de pesadumbres ajeno,
oigo el huracán sereno
y canto al crujir del trueno
mis amores.»

«El albor de la mañana,
en sus matices de rosa,
me trae la imagen graciosa
de mi maja sevillana,
y en sus variados colores
me pinta las lindas flores
del suelo donde nací,
donde inocente reí,
donde primero sentí

mis amores.»

«Cuando la enemiga bala
chilla medrosa a mi oído,
ya mi contrario caído
el alma rabioso exhala.
¡Qué me importan vengadores
cien fusiles matadores
que amenacen mi cabeza!
Con mi Moro y mi destreza
yo les canto en la maleza
mis amores.»

«Sienta yo el pujante brío
del galope de mi Moro,
y el trabucazo sonoro
de algún compañero mío;
y que vengan triunfadores
los caballeros mejores
que empuñaron lanza o freno.
Yo de temerles ajeno
cantaré libre y sereno
mis amores.»

Tranquilo el contrabandista
aquí el canto llegaba,
cuando un acento francés
«¡Fuego!» a su lado gritaba.
Sobre su frente pasaron
con ruido silbar las balas,
y gendarmes le acometen
diciendo: «¡Ríndete a Francia!».

Y entonces él «No se rinden
los que nacen en España»,
y contra el jefe enemigo
su ancho trabuco descarga.
Cayeron dos, como arbusto
que el cierzo en pos arrebata.
En impetuosa carrera
el bruto gallardo arranca;
y por sobre los peñascos
que en rápida fuga salva,
cantando va el español
al trasponer la montaña:
«Vivir en los Pirineos,
pero morir en Granada.»

Don Juan

En los años que han corrido
desde que yo le escribí,
mientras que yo envejecí
mi Don Juan no ha envejecido.
Y fama tal por él gozo
que se cree, a lo que parece,
porque Don Juan no envejece,
que yo he de ser siempre mozo:
y hoy el bravo Ducazcal
os anuncia en su cartel
que he de hacer aquí un papel,
que tengo que hacer ya mal.
Yo no soy ya lo que fui:
y viendo cuán poco soy,
dejo a los que más son hoy
pasar delante de mí;
pues, por Dios,
que por más brava
que sea mi condición,
la fiebre rinde al león,
la gota la piedra cava,
Aun latir mis bríos siento:
pero es ya vana porfía,
no puedo ya la voz mía
pedirle otra vez al viento:
y a quién me lo quiere oír
digo años ha por doquier,
que pierdo el ser de mi ser
y que me siento morir.

Pero nadie me hace caso
por más que hablo a voz en grito,
porque este Don Juan maldito
por doquier me sale al paso;
y ni me deja vivir
en el rincón de mi hogar,
ni deja un año pasar
sin dar de mí que decir.
Yo me apoco día a día,
y este bocón andaluz,
a quien yo saqué a la luz
sin saber lo que me hacía,
me viste con su oropel
y a la luz me saca consigo;
por más que a voces le digo
que ir no puedo a par con él.
Más tanto favor os debo
por él, que en verdad me obliga
a que algo esta noche os diga
de este insolente mancebo.
Oíd... es una leyenda
muy difícil de contar,
porque tiene algo a la par
de ridícula y de horrenda:
una historia íntima mía.
Yo era en España querido
y mimado y aplaudido...
y me huí de España un día.
Vivía a ciegas y erré:
y una noche andando a oscuras
tropecé en dos sepulturas
y de Dios desesperé.

Emigré: me di a la mar;
y esperando en el olvido
una muerte hallar sin ruido,
en América fui a dar.
No llevando allá negocio
ni esperanza a qué atender,
al tiempo dejé de correr
en la oscuridad y el ocio.
Once años anduve allí
vagando por los desiertos,
contándome con los muertos,
y sin dar razón de mí.
Los indios semisalvajes
me veían con asombro
ir con mi arcabuz al hombro
por tan agrestes parajes;
y yo en saber me gozaba
que nadie que me veía
allí, quién era sabía
el que por allí vagaba;
y esperé que de aquél modo
de mí y de mi poesía
como yo se olvidaría
a la fin el mundo todo.
Mi nombre, pues, con intento
de dejar perder, y en suma
sin papel, tinta, ni pluma,
ni libros ya en mi aposento,
bebía en mi soledad
de mis pesares las heces:
más tenía que ir a veces
del desierto a la ciudad.

Vivo el cuerpo, el alma inerte,
a caballo y solo, iba
como una fantasma viva,
sin buscar ni huir la muerte.
Y hago aquí esta narración
porque sirva lo que digo
a mis hechos de castigo,
y a modo de confesión.
Sobre mí a un anochecer
un nublado se deshizo,
y entre el agua y el granizo
me dejó una hacienda ver.
Eché a escape y me acogí
de la casa entre la gente,
como franca lo consiente
la hospitalidad allí.
Celebrábase una fiesta.
que en aquél país no hay día
que en hacienda o ranchería
no tengan una dispuesta;
y son fiestas extremadas
allí por su mismo exceso,
de las hembras embeleso,
de los hombres emboscadas.
Y a no ser de mi leyenda
 por no cortar la ilación,
hiciera aquí la descripción
de una fiesta en una hacienda,
donde nadie tiene empacho
de usar a gusto de todo;
porque son fiestas a modo
de las bodas de Camacho.

Allí acuden sin convite
buhoneros, comerciantes
y cirqueros ambulantes;
sin que a nadie se le quite
de entrar en corro el derecho,
de gastar de los abastos,
ni de colocar sus trastos
donde quiera que halle trecho.
Jamás se apaga el hogar,
jamás el servicio cesa;
siempre está puesta la mesa
para comer y jugar.
Por salas y corredores
se oye el son a todas horas
de carcajadas sonoras,
de onzas y de tenedores.
Todo es pelea de gallos,
toros, lazos, herraderos,
manganas y coleadores
y carreras de caballos;
y al fin de un día de broma
que nada en Europa iguala,
todo el mundo entra en la sala
y sitio en el baile toma.
Entré e hice lo que todos:
cuando creí que al sueño
 se iban a dar, di yo al dueño
 gracias por sus buenos modos:
mas mi caballo al pedir,
asiéndome por la mano,
me dijo el buen campirano
soltando el trapo a reír:

«¿Y a quién hay que se le antoje
dejar ahora tal jolgorio
Vamos, venga usté a la troje
y verá el Don Juan Tenorio.»
Y a mí, que lo había escrito,
en la troje me metía;
y allí al paso me salía
mi audaz andaluz precito.
Mas ¡ay de mí, cuál salió!
Lo hacía un indio otomí
en jerga que el diablo urdió;
tal fue mi Don Juan allí,
que ni yo le conocí
ni a conocer me di yo.
Tal es la gloria mortal,
y a quién Dios se la confiere,
si librarse a ella quiere
se la torna Dios en mal.
A mí no me la tornó,
porque por mi buena suerte
del olvido y de la muerte
doquier Don Juan me salvó.
¡Dios no quiso allá de mí!
Y de mi patria el olvido
temiendo, como había ido
a mi patria me volví.
¡Feliz malogrado afán!
Al volver de tierra extraña,
me hallé que había en España
vivido por mi Don Juan.
Comprendí en su plenitud
de Dios la suma clemencia:

Don Juan había en mi ausencia
borrado mi ingratitud.
Monstruo sin par de fortuna,
mientras yo de España huía,
en España me ponía
en los cuernos de la Luna.
Y ni fuerza ni razón
han podido derribar
tal ídolo del altar
que le ha alzado la opinión.
Pero hablemos con franqueza
hoy que todo coadyuva
para aquí se me suba
a mí el humo a la cabeza:
Desvergonzado galán,
siempre atropella por todo
y de atajarle no hay modo;
¿qué tiene, pues, mi Don Juan?
Del fondo de un monasterio
donde le encontré empolvado,
yo le planté remozado
en mitad de un cementerio:
y obra de un chico atrevido
que atusaba apenas bozo,
os parece tan buen mozo
 porque está tan bien vestido.
Pero sus hechos están
en pugna con la razón,
pero tal reputación
¿qué tiene, pues, mi Don Juan?
Un secreto con que gana
la prez entre los dos Juanes;

el freno de sus desmanes:
que Doña Inés es cristiana.
Tiene que es de nuestra tierra
el tipo tradicional;
tiene todo el bien y el mal
que el genio español encierra.
Que, hijo de la tradición,
es impío y es creyente,
es balandrón y es valiente,
y tiene buen corazón.
Tiene que es diestro y zurdo,
que no cree en Dios y le invoca,
que lleva el alma en la boca,
y que es lógico y absurdo.
Con defectos tan notorios
vivirá aquí diez mil soles;
pues todos los españoles
nos la echamos de Tenorios
y si en el pueblo le hallé
y en español le escribí
y su autor el pueblo fue...
¿por qué me aplaudís a mí?

A la estudiantina burgalesa

Oigo al pie de mi balcón
vuestra gentil serenata.
¡Cuánto es a mi oído grata!
¡Cuán grata a mi corazón!

Pusieron hondos pesares
entre Castilla y yo el mar,
y a Castilla al regresar
me recibís con cantares.

¡Dios os dé tanto placer
como con ellos me dais!
Si un día en España dejáis,
como a mi os haga volver.

Temí que mi corazón
se hubiera insensible hecho,
pero palpita en mi pecho
de vuestra música al son.

Y pues le hace ella latir
después de tanto pesar,
tal serenata a pagar
debe el corazón salir.

¡Gracias, pueblo burgalés!
En cambio de la canción
que envías a mi balcón,
los versos echo a tus pies.

No extrañes si en el hogar
do entre lágrimas me hospedo,
tu serenata no puedo
con gayos versos pagar.

Págote con éstos, pues;
mas nunca olvides que son,
tan pobres como los ves,
hechos con el corazón.

Soliloquio

Y al galope de un caballo
que cogió y montó al azar,
bufando este soliloquio
el Cid de Burgos se va.

—«¡Tu soberbia me destierra
por haberte hecho jurar!
¿Crees que fuera de tu tierra
no hay ya tierra en que pisar?
¿Crees que el mundo se me cierra
ni que a mí me has de encerrar?
¿A mí, que he ido en buena guerra
para ti tierra a ganar?

¡Dios de Dios! ¡La ira me abrasa!
¿Tierra a mí me ha de faltar...
y hasta al pájaro que pasa
da Dios tierra en que posar,
y hasta el pez que el agua rasa
da Dios aire que aspirar?
¡Hijosdalgos de mi casa!,
¡a caballo y a campear!

¡A caballo! Aun hay de moros
hartas tierras que ganar,
con ciudades y tesoros
que podamos conquistar.
¡A caballo! Aun queda tierra
en que pueden galopar,

sobre buen botín de guerra
los caballos de Vivar.

Infanzones de la villa
donde finca mi solar,
a Babieca echad la silla,

de él nos viene el Rey a echar:
mas sin miedo y sin mancilla
mi perdón podéis sacar.
¡Fuera, fuera de Castilla.
por el Rey los de Vivar!

Rey ingrato. ¡Dios te guarde!
Yo te doy mi fe a mostrar;
y a mi fe, que cual Sol arde,
solo Dios puede apagar.
¡Quiera Dios que tú más tarde
de ver no eches, con pesar,
que eres ruin y eres cobarde
con Ruy Díaz de Vivar!

¡Dios te guarde de mancilla!
Yo te voy, Rey, a probar
que no tienes en Castilla
campeador conmigo par.
Infanzones en la villa
de que borra el Rey mi hogar:
¡Fuera, fuera de Castilla
por el rey los de Vivar!»

Y el caballo ya jadeando
y él roja de ira la faz,
dio el Cid en Vivar, ya noche,
con asombro de Vivar.

El trovador

I
De un elevado castillo
que Arlanza orgulloso baña,
un trovador elegante
en la puente se paraba.
En el rastrillo golpea
con el pomo de una daga,
y en los góticos salones
ronco el eco se propaga.
Un joven doncel, del fuerte
presentóse en la muralla,
y con semblante halagüeño
dijo en alta voz: «¿Quién llama?»
El Trovador que le ha oído
dirigióle aquesta fabla:
—«Si llegado es en buenhora,
un pacífico infanzón
que envía a vuestra señora
don Rodrigo de Aragón.»
Se alzó a este tiempo el rastrillo,
y en el patio tuvo entrada;
un paje tomó el corcel
por las riendas plateadas,
y el gallardo trovador
por los salones se entraba.

II
Confuso ruido se oía
en la sala principal,
y el extranjero
hacía ella se dirigía

en continente marcial
muy altanero.
Hallóla toda ocupada
de galanes y de bellas
en gran festín;
doña Blanca de Moncada
se ve la primera entre ellas
como la rosa más orgullosa
en un jardín.
El día feliz memora
en que la luz primera vio;
y a su lado
por eso, gentil señora,
tanta dama encantadora,
tanto héroe celebrado
hoy reunió.

III Entró do estaba el convite
gentil el recién venido;
hizo gracia
con el morado sombrero,
y atrevido
en denodado ademán
a doña Blanca se fue;
y después de haber pedido
su venia, ante ella galán
quedó en pie.
La dama se la otorgó
y así el trovador habló:

IV «Don Enrique mi señor,
el cuarto Enrique es,

me manda donde me ves,
a mí, que soy trovador,
trovador aragonés.
Diz que es hoy vuestro natal,
y este monarca del mundo
quiere honrarlo como tal,
que el cuarto Enrique así val
como val Juan el segundo.
Y una trova te ragala
que trova de amores es
y ninguna se la iguala;
por eso vine de gala,
trovador aragonés.»
—«Yo a tu señor agradezco,
—doña Blanca respondió—
de un amor que no merezco
esta prueba que me dio.
Y a estas damas placerá
y galanes que aquí ves
trova de amores
que cantará
trovador aragonés.»

V Trova
Un día risueño
prepara la aurora
¡Feliz la señora
del alto Muñón!
¡OH cuántas personas
se ven a su lado!
¡Cuánto señalado
valiente infanzón!

Un búho funesto
que cerca habitaba.
Lejano graznaba.
¡Se le vido huir!
La blanca paloma
ocupa su nido;
su amante gemido
se acaba de oír.

Porque hoy es el día
de Blanca fermosa,
la más bella rosa
que tiene el jardín.

VI

Su dulce voz espiró,
y sus ecos repitieron
las bóvedas de Muñó.
 Y en vano le pidieron
quedase en el castillo.
No pueden los caballeros
ni las damas alcanzallo,
que ha perdido su caballo
y mandó
que le alzaran el rastrillo;
despidióse muy cortés
y dijóles al partir:
«Quedárame hasta mañana
en este festín de amor,
y fuera de buena gana;
más de Enrique mi señor
otra la voluntad es,
y yo soy su trovador,
trovador y aragonés.»

Primera impresión de Granada

Dejadme que embebido y estático respire
las auras de este ameno y espléndido pensil.
Dejadme que perdido bajo su sombra gire;
dejadme entre los brazos del Dauro y del Genil.
Dejadme en esta alfombra mullida de verdura,
cercado de este ambiente de aromas y fresura,
al borde de estas fuentes de tazas de marfil.
Dejadme en este alcázar labrado con encajes,
debajo de este cielo de límpidos celajes,
encima de estas torres ganadas a Boabdil.

Dejadme de Granada en medio del paraíso
do el alma siento henchida de poesía ya:
dejadme hasta que llegue mi término preciso
y un canto digno de ella la entonaré quizá.
Si, quiero en esta tierra mi lápida mortuoria;

¡Granada!... tú el santuario de la española gloria:
tu sierra es blanca tienda que el pabellón te da,
tus muros son el cerco de un gran jarrón de flores,
tu vega un chal morisco bordado de colores,
tus torres son palmeras en que prendido está.

¡Salve, oh ciudad en donde el alba nace
y donde el Sol poniente se reclina:
donde la niebla en perlas se deshace
y las perlas en plata cristalina:
donde la gloria entre laureles yace
y cuya inmensa antorcha te ilumina;
santuario del honor, de la fe escudo,
sacrosanta ciudad, yo te saludo!

Vuelta a la patria

1
En la frontera
—¿Estamos ya en la frontera?
—El tiro de este relevo
es ya español. —¡Pues afuera!
—¿Qué va usté a hacer? —La primera
canción que a mi patria debo.

¡España!... ¡te vuelvo a ver!
Dios tan lejos me hizo ir,
que temí nunca volver.
Si hoy no me mata el placer
no debo nunca morir.

¡Dame tu tierra a besar;
y puesto en ella de hinojos,
déjame dejar de brotar
las lágrimas de mis ojos
y a Dios un momento orar!

Deja que a pleno pulmón
aspire voraz tu ambiente,
aunque en tal aspiración
dilatádose reviente
de placer mi corazón

¡España del alma mía!
Sin orar a Dios por ti
No he pasado un solo día:
¿quién sabe si todavía

te acordarás tú de mí?

Dios me llevó mis pesares
a llorar a tierra extraña;
ya a través de tierra y mares
mis lágrimas traigo a España
convertidas en cantares.

España de mis amores,
si aun mis cantares ansías,
no quiero que por mí llores:
para ti tornaré en flores
todas las lágrimas mías.

¡Dios de España, a quien jamás
olvidé por donde fui,
aquí es en donde tú estás:
aquí es en donde te das
a ver y adorar de mí!

¡Dios, que sabes con qué fe
diez años hora por hora
la de mi vuelta esperé,
no me abandones ahora
que pongo en España el pie!

II
¡Al coche!
¡Bien haya quien grito tal
me da en español de nuevo!
Ten mi bolsa, mayoral:
yo en mi patria solo llevo
mis versos por capital.

III   En España
¡Patria... de placer venero!
Ya tu aura mi faz orea;
ya mi oído el son recrea
de tu lengua nacional.
Yo no soy aquí extranjero:
si no conocen ya al hombre,
aun fío Dios que mi nombre
no suene al oído mal.

¡Patria!... no sé si en mi ausencia
la calumnia me ha mordido:
yo vuelvo como he partido,
hijo leal para ti.
Maestro en la gaya ciencia,
de los pueblos asombro,
solo, y el laúd al hombro,
tu gloria a cantar me fui.

Siempre en plazas y en palacios,
en teatros y salones,
mis primeras impresiones
me acusaron de español;
cual poeta y hombre, a espacios
en mi vida hay malo y bueno:
español, puedo sereno
enseñar mi faz al Sol.

Si te dicen que amor tengo
a un pueblo antes tu enemigo,
no lo fue para conmigo

y yo le debo lealtad.
De tu sangre hidalga vengo;
no he de ser jamás ingrato
con quien fiel me dio buen trato
y franca hospitalidad.

Si te dicen que dependo
de extranjero soberano,
 me tendió leal su mano,
me trató de igual a igual.
Yo me doy y no me vendo:
él lo sabe y él lo estima;
de fe en prenda, llevo encima
coronada su inicial.

Yo he nacido castellano;
mas doquiera que me he visto,
soy cristiano, y como Cristo
prediqué fraternidad.
Todo hombre nace mi hermano;
do llevo mi gaya ciencia,
la fe llevo en la conciencia
y en la lengua la verdad.

Fénix que anunció mi muerte,
vengo en mis patrios hogares
de mis últimos cantares
el son postrero a exhalar;
vengo en un esfuerzo fuerte
de mis postrimeros bríos,
a saludar a los míos,
a hacerme otra vez a la mar.

A mí, a través de las olas,
llegó el cántico vibrante
de una pléyade brillante
de nuevos poetas mil.
De las letras españolas
aun mi alma el amor abriga...

Ven a que yo te bendiga
¡oh, pléyade juvenil!

¡Con cuán íntima delicia
gozaba oyendo tu cántico,
cuando a través del Atlántico
lograba hasta a mí llegar!
Ven, ven a mí, que es justicia
que los vates castellanos
den un apretón de manos
al que tuvo aquí su hogar.

Que yo os conozca; cercadme:
yo soy leal; yo soy un viejo
que sin pesadumbnre dejo
mi puesto a la juventud.
Mas al llegar, toleradme,
mi viejo laúd que empuñe,
y un mal cantar os rasguñe
en mi ya ronco laúd.

Trémula traigo la mano
y cana la cabellera:
mas aun traigo la alma entera

y brio en el corazón,
y aun puedo, buen castellano,
lanzar con mi último aliento
un ¡bravo! a vuestro talento
y un ¡viva! a nuestra nación.

A Narciso Serra

I
Es el signo fatal del que algo vale;
quien de las medianías sobresale,
el genio egregio, mientras vive, lidia
con los ruines mosquitos de la envidia,
con todo el que de vulgo nunca sale:
no hay quien no le rebaje o se le iguale,
y aun todo el que no es algo, por des-
 idia,
en vez de trabajar, crecer, seguirle
y alcanzarle, se goza en zaherirle,
del mundo por la tumba hasta que sale.
Entonces elegías, epitafios,
de luto nacional muestras ruidosas,
lápidas, monumentos, cenotafios,
estatuas coronadas de oro y rosas:
 todo lo que ya es inútil al difunto
y a su nación de vanagloria asunto.
¿Por qué no confesarlo, aunque nos
 pese?
Esa es la sociedad, el mundo es ese.

II
Así Serra vivió, y en su tristeza,
viéndole agonizar le abandonamos:
no por ruindad, ni envidia, ni vileza;
por esta dejadez y esta torpeza
que con la leche del país mamamos;
porque éste es el país de la nobleza.
Somos raza entusiasta y generosa,
mas vence al entusiasmo la pereza;

no estalla, si a estallar no se le acosa;
nuestro alegre país no se apercibe
de que se muere nadie mientras vive:
y mientras vive el genio, nadie inquiere
si vive bien, o si viviendo muere.

III   Serra vivió de nuestra tierra al uso:
yo, su memoria al bendecir, me acuso
de no haberme atrevido en esta vida
 a sondar la alma grande que Dios puso
en una carne por el mal roída:
yo no le conocí; yo en tierra extraña
le admiré y le aplaudí lejos de España.
Su polvo al conducir al cementerio,
no le puede decir lo que hoy le digo,
por no turbar la calma y el misterio
del sagrado lugar que le da abrigo,
y por no aparentar que me exhibía
otra vez en lugar del que moría.

IV   Duerme en la tumba en paz, Serra festivo:
Dios todo lo equilibra y lo compensa:
el mundo olvida a quien inciensa vivo:
¡feliz aquel a quien difunto inciensa!
Prueba evidente de que en vida vale
el que, de ella la salir, al mundo sale.
Ardió del genio creador la llama
viva en ti: de tu espíritu el imperio,
unida a aquél con deleznable trama,
dominó hasta su fin la materia;
nutrida en larga enfermedad tu fama,

volará de hemisferio en hemisferio,
pues hoy por genio tu país te aclama.
Pero por genio al aceptarte en serio,
te abandonamos ¡ay!, viva lacería,
a vivir en la sombra y la miseria,
para llevarte en triunfo al cementerio.
Tal fin en existencias semejantes
de tiempo inmemorial nadie aquí extraña:
así mueren los genios en España;
así murió Colón, así Cervantes.
¿Por qué? Sin duda porque Dios lo quiere:
nadie es grande en España hasta que muere.

V   Poeta,¡duerma en paz tu polvo inerte!
Aunque tu patria te esquivó, te amaba;
podrías, si te alzaras, convencerte:
tu gloria empieza do tu vida acaba.
Yo en tierra extraña, con la nuestra en guerra,
te admiré y te aplaudí sin conocerte;
y hoy, más viejo que tú, me cabe en suerte
llorar sobre la tumba que te encierra.
Duerme en paz, y a mirar no te levantes
qué estela dejas tras de ti en tu tierra:
fueron tu vida y muerte las de Serra,
pero es tu porvenir el de Cervantes.

En el álbum de mi hija

Por cima de la montaña
que nos sirve de frontera,
te envía un alma sincera
un beso y una canción;
tómalos; que desde España
han de ir a dar, vida mía,
en tu alma mi poesía,
mi beso en tu corazón.

Tu padre, tras la montaña
que para ambos no es frontera,
lleva la amistad sincera
del autor de esta canción.
Recibe, pues, desde España
beso y cantar, vida mía,
en tu alma la poesía
y el beso en el corazón.

Si un día de esa montaña
paso o pasas la frontera,
verás en el alma sincera
de quien te hace esta canción,
que la hidalguía de España
es quien sabe, vida mía,
dar al alma poesía
y besos al corazón.

En el álbum

De S. A. la infanta doña Isabel

En vuestro álbum escribir
me ordena Vos un ser
de quién me ordenó vivir
Dios cautivo hasta morir
por amor y por deber.
Mas dignaos advertir
que para haceros servir
no era tanto menester,
pues me honráis Vos con querer
lo que a mí me honra cumplir.

Su sola presentación
por solo ser de quién es,
da a este álbum pasa y razón;
y pues prez da y galardón
él donde va, venga pues;
yo sé que mi obligación
es poner mi corazón
y mi pluma a vuestros pies;
y lo están... sin interés,
sin plazo y sin condición.

Más de este álbum ¡ay de mí!
Hay que miniar el papel
con una gota turquí
de la sangre de una hurí
recogida en un clavel,
y tomando por pincel

el pico de un colibrí,
que no iba más que miel;
en vuestro álbum, Isabel,
no se escribe más que así.

Quisiera así escribir yo:
pero así, ¿cómo y con qué?
La que por Vos me le dio
en mis manos le dejó
me dijo «escribe» y se fue.
Le he de escribir, ¿cómo no?
Mas, señora, os juro a fe,
que desde que a mí llegó
no sé lo que me pasó
que lo que es de mí no sé.

Le miro y vuelvo a mirar,
le hojeó y vuelvo a hojear;
una hoja de la otra en pos
me detengo a contemplar;
una busco en que firmar
y se me pasa entre dos.
¡Ay! Vuestro álbum es el mar
en donde me arroja Dios
mi pensamiento a buscar...
y yo no hablo más que a Vos.

Busco una idea a través
 del ondulaje en que van
y vienen, como una mies
sobre quien los vientos dan,
las mías; pero mi afán

perdido e inútil es:
mis pensamientos están
todos con Vos. ¿Qué trae, pues,
vuestro álbum? ¿Es talismán
que os echa almas a los pies?

De vuestra cámara real
trae el perfume sutil:
vuestros labios de coral
con vuestro aliento vital
le han dado nardos de abril
el olor primaveral,
y en su canto marginal
de vuestra mano gentil
se adivina la señal
de los dedos de marfil.

Eso trae, y eso al traer,
trae de mi alma al interior
de la esperanza el albor,
la luz al amanecer,
la prez de vuestro favor,
al vapor de vuestro ser,
no como de una mujer
sino como el de una flor:
la flor que planta el deber
y que cultiva el honor.

Trae además para mí
vuestro álbum más alta prez
que ambiciona la altivez
de mi ingenio baladí:

jamás fue par el neblí
con el águila; y buen juez
de mí mismo, si esta vez
hasta estas hojas subí,
mirad que me alzó hasta aquí
vuestra regia esplendidez.

Aquí os voy, pues, a poner
un cantar, no por llenar
un deber, no; por saber
que, el álbum al registrar,
por mis versos vais, al leer,
vuestros ojos a pasar;
y si logro yo el placer
de que os logren agradar,
¡qué honrados se van a ver
los versos de mi cantar!

Más ¿por qué anheláis señora,
tener aquí un vil montón
de versos míos, ahora
que mi vieja musa llora,
y a la puerta del panteón,
la vejez me desvigora,
del mundo me desamora,
me amilana el corazón
y tiene a mi guzla mora
descordada en un rincón?

¿Cómo ya hasta Vuestra Alteza
elevar podrá un cantar
un viejo, de quien ya empieza

a desvariar la cabeza
y la lengua a balbucear,
y que vacila y tropieza
al escribir y al andar?
Imposible: mi torpeza
de este papel la limpieza
no se atreve a emborronar.

Vuestra Alteza me perdone:
para mí es solo el sonrojo
de no poder vuestro antojo
cumplir, mas la edad me abone.
Llegar a viejo supone
cambiar de ser; no es mancilla;
mas dejar de ser, humilla;
y pues lo que fue ya no es,
solo pone a vuestros pies
lo que fue JOSÉ ZORRILLA

Libros a la carta

A la carta es un servicio especializado para
empresas,
librerías,
bibliotecas,
editoriales
y centros de enseñanza;
y permite confeccionar libros que, por su formato y concepción, sirven a los propósitos más específicos de estas instituciones.

Las empresas nos encargan ediciones personalizadas para marketing editorial o para regalos institucionales. Y los interesados solicitan, a título personal, ediciones antiguas, o no disponibles en el mercado; y las acompañan con notas y comentarios críticos.

Las ediciones tienen como apoyo un libro de estilo con todo tipo de referencias sobre los criterios de tratamiento tipográfico aplicados a nuestros libros que puede ser consultado en Linkgua-ediciones.com.

Linkgua edita por encargo diferentes versiones de una misma obra con distintos tratamientos ortotipográficos (actualizaciones de carácter divulgativo de un clásico, o versiones estrictamente fieles a la edición original de referencia).

Este servicio de ediciones a la carta le permitirá, si usted se dedica a la enseñanza, tener una forma de hacer pública su interpretación de un texto y, sobre una versión digitalizada «base», usted podrá introducir interpretaciones del texto fuente. Es un tópico que los profesores denuncien en clase los desmanes de una edición, o vayan comentando errores de interpretación de un texto y esta es una solución útil a esa necesidad del mundo académico.

Asimismo publicamos de manera sistemática, en un mismo catálogo, tesis doctorales y actas de congresos académicos, que son distribuidas a través de nuestra Web.

El servicio de «libros a la carta» funciona de dos formas.

1. Tenemos un fondo de libros digitalizados que usted puede personalizar en tiradas de al menos cinco ejemplares. Estas personalizaciones pueden ser de todo tipo: añadir notas de clase para uso de un grupo de estudiantes, introducir logos corporativos para uso con fines de marketing empresarial, etc. etc.

2. Buscamos libros descatalogados de otras editoriales y los reeditamos en tiradas cortas a petición de un cliente.

www.ingramcontent.com/pod-product-compliance
Lightning Source LLC
Chambersburg PA
CBHW022124040426
42450CB00006B/829